AF252555

DISCOURS

PRONONCÉS

DANS L'ASSEMBLÉE GÉNÉRALE

ET

DANS LE TEMPLE DE LA RAISON

DE

LA SECTION RÉGÉNÉRÉE

DE BEAUREPAIRE,

À l'occasion de l'inauguration des bustes des Martyrs de la Liberté, MARAT & LE PELLETIER, & de la Fête de la RAISON, les 20 & 25 Nivôse, l'an deuxieme de la République, une & indivisible.

LETTRE

DES

REPRÉSENTANS DU PEUPLE,

Et le Décret de la Convention Nationale
à ce sujet.

PARIS,

De l'Imprimerie de MOUTARD, rue des Mathurins,
N°. 334.

DISCOURS

PRONONCÉ

A L'INAUGURATION DES BUSTES

DE MARAT ET LEPELLETIER,

Célébrée par la Section de Beaurepaire régénérée, dans le Temple de la Raison, ci-devant Eglise de Sorbonne, le 20 Nivôse, l'An deuxième de la République Française, une & indivisible.

Imprimé par ordre de l'Assemblée générale.

Rome est libre, il suffit, nous mourons satisfaits.

Ainsi donc il était réservé au Siècle dans lequel nous vivons, d'offrir à la vénération d'un grand Peuple libre deux illustres victimes de la tyrannie.

Je n'emploierai point ici, Citoyens, les prestiges de l'éloquence, & je n'aurai point recours à des mouvemens oratoires pour attendrir votre ame sur le sort de *Marat & Lepelletier*, ces deux amis de la vertu, & les bienfaiteurs de l'humanité. Quand on a dans le cœur l'amour de son pays & de la liberté, on se sent naturellement disposé à s'attendrir sur la perte de ses défenseurs, sans avoir besoin d'une impulsion étrangère.

Avec quel intérêt chacun de nous ne rappelle-t-il pas à son souvenir l'incorruptible *Marat*, immolé par un monstre abreuvé d'erreur & de fanatisme ! *Marat*, que nous pleurons aujourd'hui, nous a prouvé à sa mort qu'on pouvait honorablement exister sans richesses : *Marat* avait pour lui la ressource de la Philosophie qui les remplace, & celle de l'estime publique qui nous console délicieusement de leur privation. En vain la médiocrité & l'envie s'uniront pour insulter aux manes du Genevois Législateur ; les bons Citoyens qui ont su apprécier ses utiles connaissances & les services qu'il a rendus à la chose publique, diront avec moi : Il est mort vertueux. *Marat* a pendant sa vie répandu autour de lui l'esprit de lumière & de raison ; il a constamment versé les consolations de la fraternité dans le sein de ses Concitoyens à qui la Révolution avait imposé de douloureux sacrifices. Ils diront avec moi, ces véritables défenseurs de *Marat* : *Marat* fut le dépositaire des mœurs vraiment républicaines ; sa vive & douce éloquence a porté avec d'autant plus de force dans nos cœurs d'utiles maximes, qu'il commença toujours par les pratiquer lui-même : il a vécu, & il est descendu au tombeau vivement animé du désir de contribuer au bonheur du Peuple. C'est pour lui, c'est pour *Marat*, l'adorateur de la Liberté, que doivent couler les larmes d'une sensibilité éclairée.

Et toi, immortel *Lepelletier*, reçois aussi le tribut de notre reconnaissance & de nos justes regrets. Qu'il est doux pour nous, de pouvoir faire en ta faveur une exception bien rare, & de te placer au rang de nos meilleurs Citoyens ! Tu as montré par ta conduite que le vrai mérite ne consiste pas dans un vain titre, enfant de l'orgueil, rentré & perdu aujourd'hui dans la nuit des songes. Tu avais pressenti que ces riches insensés, qui ne s'environneraient que de leurs aïeux, ou de leurs armoiries, ou d'imaginaires prérogatives, ne seraient un jour ; aux yeux d'un Peuple éclairé & juste, que des flambeaux éteints & confumés, qui ne répandent autour de nous qu'une odeur infecte & peftilentielle.

Entraîné par un charme impérieux vers la Société, *Lepelletier*, en y apportant de rares talens & de fublimes vertus, a voulu s'y occuper de la félicité commune. Aimables & vertueufes Citoyennes, chaftes gardiennes des mœurs ! vous qui faites valoir en toute occafion les droits du cœur & de la nature au profit du devoir & de la vertu, venez avec nous répandre des fleurs, & mêler vos larmes aux nôtres fur la tombe de *Marat* & *Lepelletier* : ainfi qu'à nos regrets, *Lepelletier* & *Marat* ont également droit aux vôtres. N'oubliez jamais que le foin de votre éducation a été l'objet des tendres follicitudes & des veilles continuelles de *Lepelletier* ; *Lepelletier* vous a légué en mourant un germe précieux de bonheur. Il doit être foigneufement confervé dans les faftes de la République Françaife, ce Plan d'Inftruction nationale qui affurera dans tous les temps à *Lepelletier*, de la part de fes Concitoyens, l'admiration la plus profonde, & la reconnaiffance la mieux méritée. Qui, mieux que *Marat* & *Lepelletier*, nous a montré que, malgré que les chemins de la gloire foient parfemés de peines & de travaux, lorfque la mort nous arrête au milieu d'une courfe brillante, le peu de jours que nous perdons eft fuivi d'une immortalité mille fois plus précieufe ?

Peuple Français, tu es le conquérant de ta Liberté, c'eft par les grands mouvemens de ton courage que tu l'as fait renaître au fein de cette vafte République ; fois-en maintenant le confervateur par ta fageffe & ton énergie : contemple le contrafte de ton état paffé & de ta fituation à venir ; reporte pour un inftant tes regards fur ce que nous avons été. Nous étions une Nation fans Patrie, un Peuple fans Gouvernement ; les caprices d'un homme couvert de crimes nous fervaient de Loix. Les Sages invoquaient la Liberté, & la Liberté était sourde à la voix des Sages. Dans ces temps de confusion, il n'y avait de régulier & de stable parmi nous que la déflagration de tous les vices, le scandale des injustices les plus révoltantes, & le mépris le plus formel des hommes & de la morale. Quelle Révolution, que celle qui a fait succéder tout-à-coup à tant de désordres un spectacle où tout se place & s'ordonne selon l'ancien vœu de la Nature, & où l'on n'apperçoit plus que la fureur impuissante de quelques ames attachées à la bassesse de leurs passions personnelles, & incapables de s'élever à la hauteur du sentiment public ! Quel présage heureux pour nous ! la Montagne nous a donné une Constitution basée sur l'égalité, la justice & l'humanité. Peuple fidèle & généreux, mais fier & reconnaissant, proclame solennellement tes droits sacrés & ton extrême puissance : toujours la foudre à la main, annonce à ces vils Potentats qui réunissent tous leurs efforts pour favoriser cette lutte criminelle de la folie contre la raison ; annonce-leur, dis-je, qu'ils seront continuellement l'objet de ta juste & terrible vengeance, jusqu'à ce qu'ils ayent reconnu que par-tout l'homme doit cesser d'être l'esclave de l'homme.

Par le Citoyen J. B. **CALVET**, *Commis dans les Bureaux du Ministre de l'Intérieur.*

DISCOURS

PRONONCÉ dans l'Assemblée générale de la Section régénérée de Beaurepaire, à la suite de l'inauguration des bustes des Martyrs de la Liberté, MARAT & LE PELLETIER;

Par le Citoyen A. C. N. CLOSQUINET, Membre de la Commission de Bienfaisance, Auteur de plusieurs Ouvrages patriotiques,

Imprimé par ordre de l'Assemblée générale.

CITOYENS,

LA pompe dont nous honorons l'inauguration des bustes des Martyrs de la Liberté, est un devoir sacré que commande la reconnoissance; il tient à la juste sensibilité, il est l'expression du cœur où regne la vertu; & c'est une jouissance puisée dans la Nature, que de rappeler souvent à sa mémoire le souvenir de ses amis.

Ce n'est point à cet argile muet, qui ne reçoit de forme que de la main de l'Art, que le profond témoignage de nos regrets, & les élans de notre amour reconnoissant s'adresse; non, la cendre des morts n'est pas susceptible d'une nouvelle vie; c'est dans notre cœur que leur mémoire repose; c'est-là qu'identifiés avec nous-mêmes, nos amis vivent toujours, quoiqu'ils aient abandonné à la terre leur dépouille mortelle ; c'est-là qu'une douce illusion qui les rend présens à la tendresse d'une sainte amitié, rappelant sans cesse la pensée sur ces objets chéris, les montre toujours aimables, & fait jouir du bonheur de les posséder lorsqu'ils ne sont plus.

S'il est vrai que l'union des sentimens enchaîne les esprits, que la sympathie des goûts & des habitudes, que l'ami enfin vive dans son ami, nos héros sont ici, ils se réjouissent avec nous, ils applaudissent aux succès de la Raison ; oui, mon cœur me le dit, ils m'entendent, ils vous entendent ; & quand nous jouissons du spectacle touchant de leur apothéose, eux aussi ils jouissent, car la Patrie triomphe.

Il est juste de consacrer un jour à honorer la mémoire de ceux qui ont donné tous leurs momens à la Patrie, qui, veillant pour tous, & les couvrant de leur bouclier impénétrable, ont eu l'héroïsme de livrer sans défense leur poitrine au fer sacrilége des assassins, de faire de leurs corps un rempart à l'auguste Liberté, de cimenter de leur sang son union indestructible avec le Peuple, & d'expirer contens au poste de l'honneur.

Qu'elles sont intéressantes ces fêtes civiques, où la douce Egalité rapproche les Citoyens de l'état naturel, si propre au bonheur ! Là, les peres, les meres, les freres, les époux, les enfans, les vieillards, les amis, confondus en une seule famille, s'animent du même esprit, & l'intérêt de la Patrie les enflamme par une seule étincelle.

Ces couronnes, ces guirlandes, ces fleurs, ces trophées déposés respectueusement sur la tombe des Martyrs de la Patrie, par les mains innocentes de jeunes citoyennes, destinées à donner à la France une population régénérée, dont les vertus, la beauté & les charmes sont le prix que la paix prépare aux vainqueurs des tyrans ; cet hommage si pur, symbole de la vertu, dont la premiere, pour ce sexe aimable, est sa sensibilité ;

fans doute, il eſt le plus agréable aux manes des héros qui ont acheté au prix de leur vie la régénération de l'ordre ſocial.

Tout en ce jour inſpire le ſentiment du plaiſir ; ces Hymnes, ces chants, les acclamations du Peuple, tout annonce le triomphe de la Raiſon, & qu'en célébrant la gloire des Martyrs de la Liberté, nous nous péné-trons des vertus républicaines, dont ils nous ont impoſé la loi de ſuivre l'impulſion.

Les Martyrs de la Liberté ſont ceux qui, n'écou-tant que la raiſon, la juſtice & leurs conſciences, bra-vant les périls & la mort pour le ſalut de leur Patrie, intrépides dans les combats, & toujours victorieux, les armes à la main, ne reçoivent le trépas que du lâche aſſaſſin.

Tels étoient *Marat & Le Pelletier*, qui fixent dans ce moment les regards attendris de la Patrie recon-noiſſante.

Le Pelletier, d'un caractere doux, d'une amabilité qui le rendoit d'un commerce charmant, ſavoit attacher à la cauſe du Peuple, qui eſt celle de la Raiſon ; par les agrémens d'une éloquente dialectique, il combattoit avec méthode l'hydre du deſpotiſme ; il enivroit le ſerpent pour l'approcher de près, & le mieux écraſer ; il perdoit le méchant, par l'aſcendant que donne ſur lui l'art de cacher à propos une réſiſtance ſouvent indiſcrette.

Marat, au contraire, plus confiant dans ſon éner-gie que dans les reſſources du talent, n'écoutant que le cri de l'humanité ſouffrante qui déchire ſon cœur, il attaque corps à corps la tyrannie, & la frappant ſans relâche, il voue ſon exiſtence à hâter le moment du bonheur.

Tel eſt donc l'empire de la vérité, de la juſtice & de la raiſon, que la différence même des caracteres les plus oppoſés, ne ſoit point un obſtacle pour ceux qui les réverent, & qui tendent au même but. Quels motifs de confiance dans le succès d'une révolution qui a ces vertus pour principes & pour guide ! Que cette considération est encourageante pour une ame républicaine, & qu'elle verse de consolations dans le cœur du foible, de celui dont les yeux sont presque insensibles à l'éclat de la lumiere !

Le Pelletier, né dans la caste rebelle de la Noblesse, n'en avoit ni les vices ni la mauvaise éducation ; un naturel humain & docile avoit permis à la philosophie de mettre assez de justesse dans ses idées, pour établir dans son moral l'équilibre nécessaire entre la sensibilité du cœur & la pénétration de l'esprit, qui constitue l'homme de bien ; l'étude, la méditation & le travail lui avoient fourni les moyens de s'élever dans la carriere politique d'une maniere à l'y faire distinguer.

Il brilla au Barreau, il présida avec dignité au ci-devant Parlement, & dès sa plus tendre jeunesse, il pouvoit passer pour le pere du pauvre, de la veuve & de l'orphelin. Appelé par le vœu de ses concitoyens à l'Assemblée nationale Constituante, il fut un mandataire fidele ; & de ce que fit cette Assemblée, le seul objet qui nous reste de remarquable, & qui respire une saine philosophie, c'est le Code pénal, & il est de Le Pelletier. A la Convention, il nous donna un plan d'éducation publique fort estimé ; il défendit les intérêts du Peuple avec courage & intelligence ; il vota la mort du Tyran avec fermeté ; il fut assassiné, & content de mourir pour la cause du Peuple, *que la Patrie soit heureuse !* fut le vœu qu'exprima son dernier soupir.

Marat étoit de ces hommes rares, dont la philosophie fait choix pour ramener à la justice & à la raison les hommes dégénérés. La Nature crée de ces sortes de génies, dans la décrépitude des siecles, pour rendre du ton à l'espece humaine, & la rappeler à la vie.

Doué d'un grand caractere, d'une ame forte, d'un jugement solide, d'une étonnante pénétration, & d'une activité incroyable, Marat se déclara l'Ami du Peuple ; Marat fit tout pour le Peuple, Marat mourut pour le Peuple.

Marat savoit que la tyrannie a pour soutien la corruption ; voilà pourquoi, dès les premiers momens de la révolution, il s'attacha particuliérement à l'épuration des nouvelles Autorités constituées, & on peut dire qu'il ne les frappa jamais à faux ; il atteignit les scélérats avec l'audace du courage, & les terrassa sans foiblesse.

Il savoit que dans une génération avilie, le regne de la justice & de la raison seroit plus difficile à établir que l'anéantissement même du despotisme à opérer, & que le nouvel ordre politique seroit long-temps infecté du poison de l'ancien, par la raison que les hommes pervers ne se régénerent point. Il savoit que le masque de la vertu est l'arme perfide dont l'hypocrite abuse pour poignarder la Patrie. Il savoit qu'une révolution ne pouvoit se faire sans un combat à mort entre le vice & la vertu, & que pour décider la victoire, il ne falloit cesser de frapper les traîtres.

Il savoit que ce n'étoit pas en multipliant des amnisties qu'on dompteroit l'insolente aristocratie, ni par des mentions honorables qu'on éleveroit à la dignité républicaine les vils intrigans qui n'ont arraché de la gorge du Peuple la sangsue royale, que pour s'attacher à tous ses arteres, & pomper le reste de son sang.

Il vouloit ce qui est juste ; il vouloit ce que nous voulons, ce qu'il faut, & ce qui sera, la juste sévérité des Loix, & que la premiere de toute, qui est le salut du Peuple, fût enfin mise à l'ordre du jour.

C'est ainsi qu'il étoit un buveur de sang, un anthropophage, un homme de boue, un monstre désorganisateur. Eh bien, ce monstre, ce monstre si féroce, qui avoit armé de poignards tant de bras pour égorger les hommes d'Etat, croira-t-on que pour le mettre à mort, on n'ait pas cuirassé les plus forts athletes ?

Ici le crime de ses ennemis, le crime de nos ennemis rend hommage, par une sorte de prodige, à son innocence. C'est par le sentiment de la sensibilité qu'on suggere au fanatisme le moyen de l'approcher ; c'est une femme qui devient l'instrument de la vengeance. Armée du couteau fatal : Va, lui dit-on, écrit à Marat que que tu es malheureuse, sa porte te sera ouverte ; perce-lui le cœur. O comble d'horreur ! vous frémissez..... Citoyens, ce crime fut nécessaire au salut de la France ; ce trépas précipité laisse à l'improviste la correspondance, la conduite & la misere de notre ami au plus grand jour. Le Peuple, sans doute, perd son ami, son tendre ami, son plus ferme appui ; cette perte est cruelle, elle est irréparable ; mais par le réveil qu'occasionne un si noir attentat, il retrouve l'énergie nécessaire pour punir les traîtres, & suivre avec intelligence l'impulsion révolutionnaire imprimée par Marat.

Citoyens, pour célébrer dignement nos héros, il suffit de s'occuper sans cesse, à leur imitation, de la chose publique ; cet avis est pour le profit de tous. L'homme qui voit son bonheur hors celui de sa Patrie, est un insensé qui attire sur sa tète la foudre révolutionnaire. L'orgueilleux qui tentera de s'élever au dessus du niveau de l'Egalité, sera pulvérisé par le mouvement rapide qui agite la masse de la Nation ; l'avare n'a rien à prétendre sur la fortune publique, que l'œil du Peuple surveille, & le sombre hypocrite verra toujours ses trames perfides se dénouer au jour de la raison ; oui, la mort attend sur l'échafaud le dernier intrigant.

Tel est le résultat d'une révolution qui a pour principe la philosophie, de briser les passions déréglées contre les vertus naturelles, de rapprocher les hommes de l'ordre & de la justice, & de n'avoir pour régulateur que l'opinion publique, fondée sur la connoissance acquise du droit & du devoir : que l'expérience du passé serve de leçon pour l'avenir ; qu'on ne compte plus

sur son génie, ni sur les ressources des talens, pour
s'élever aux dépens de la chose publique ; ceux qui se sont
abandonné à ce fol espoir, l'ont déjà payé de la vie.
Les Dieux de la terre ont disparu comme un
nuage orageux ; le souffle de la Raison les a dissipés ;
le Despote lui-même, courbé sous le poids de ses
tyrannies, n'a pu se soustraire au coup vengeur du fer
sacré de la Loi ; tous ses vils suppôts ont attiré sur leur
tête, ou la proscription, ou la mort. La Fayette a fui,
Dumouriez l'a suivi. Un Duc d'Orléans forma le projet
de régner ; son trône fut l'échafaud ; une faction nom-
breuse, effrayante par l'intrigue & de funestes talens,
par le masque trompeur d'un patriotisme affecté, &
sur-tout par des droits usurpés à la confiance publique,
eh bien, le Peuple a deviné la trahison, il a puni les traîtres.
Le fanatisme a voulu faire siffler ses serpens, le voilà
écrasé. Des villes se sont établies en rebellion ; Lyon
& Toulon sont détruits ; enfin la Vendée, ce foyer alar-
mant de conspiration, cette lepre de la Patrie, ce fléau
n'existe plus.

Ne demandez pas ce qu'il faut faire, pour fixer enfin
ces bases de justice éternelle, qui doivent porter l'édi-
fice majestueux d'un Gouvernement heureux, où l'homme,
élevé à la dignité de sa raison, jouira de la plénitude de
ses droits par le respect de ses devoirs.

Ce qu'il faut faire ? tout ce qu'on ne fait pas ; c'est
dans son cœur qu'il faut d'abord fixer la justice, &
soumettre son esprit à l'empire absolu de la raison.

Ce qu'il faut faire ? s'abandonner avec confiance au
sort de la chose publique, & contribuer de toutes ses fa-
cultés au bonheur commun.

Ce qu'il faut faire ? des sacrifices sans nombre, &
les faire de bon cœur, n'avoir d'autre intérêt en vue que
celui de sa Patrie, s'occuper d'elle plus que de soi, & la
considérer comme son unique fortune.

Ce qu'il faut faire ? il faut renoncer aux passions, à

l'orgueil, à la présomption, & sur-tout à l'avarice ; il ne faut rien entreprendre au dessus de ses forces, savoir discuter, & ne point disputer, parler de ce que l'on sait, faire ce que l'on doit, & ne rien prétendre.

Ce qu'il faut faire ? ne se point déchirer, ni vilipender, s'unir, au contraire, contre l'ennemi commun, qui divise pour régner, repousser avec horreur la calomnie, & punir le calomniateur.

Ce qu'il faut faire ? prévenir les trahisons, & déjouer les traîtres, ne point écouter les flatteurs, se défier de soi-même, s'exercer au maniement des armes, se mettre en état de soutenir au besoin nos freres qui combattent pour notre Liberté, forcer par la culture nos champs à donner d'abondantes moissons, & ne point assassiner sa Patrie, en vendant au pauvre les fruits de la terre au poids de l'or.

Ce qu'il faut faire ? Citoyens, mes freres & amis, il faut savoir se priver du superflu, & ne point hésiter à partager avec le pauvre son propre nécessaire ; le vice regne avec les Tyrans, la vertu est l'appui de l'empire de la raison ; aucun de nous n'est privé du bonheur de faire quelque bien, il suffit de le vouloir ; & si chacun de nous réfléchissoit que les jours de son exis-tence ne sont comptés que par le mérite des actions laisseroit-il échapper la foule d'occasions que chaque minute procure pour se rendre utile ?

Que ce jour consacré à célébrer la mémoire des Martyrs de la Liberté, soit un de ceux dont nous puis-sions compter le meilleur usage ; que leurs vertus passent dans nos cœurs comme leurs lumieres éclairent nos es-prits & animent notre courage ; souvenons-nous des sacrifices immenses que font à la Patrie ses généreux défenseurs ; que ce moment sur-tout, justement con-sacré à honorer les vertus civiques, soit pour nous l'occasion de nous en montrer dignes ; que ce rassem-blement nombreux de bons Citoyens opere l'heureuse

(15)

réunion des cœurs & des esprits; que nos freres qui
combattent la rage des Tyrans & l'intempérie d'une
faison rigoureufe, reçoivent de l'amitié & de la juftice
les fecours dont ils ont le plus preffant befoin; que
chacun de nous court fur-le-champ chercher les vête-
mens dont il peut fe paffer; qu'il vienne les dépofer
dans ce Temple, qui a fi long-temps fervi d'afile
à la fuperftition, & de foutien à la tyrannie; voué au
crime, confacrons-le à l'humanité : nos freres ont des
femmes, des enfans, des parens infirmes & néceffiteux....
Citoyens, qu'avant la fin du jour il n'y ait point un
malheureux qui n'ait été confolé & fecouru; alors
nous pourrons nous livrer aux tranfports de joie qu'inf-
pirent les heureux fuccès de nos armes, nous étouffe-
rons nos querelles particulieres dans nos embraffemens
fraternels; les nuances de l'opinion difparoîtront à la
lumiere des principes d'une philofophie régénératrice;
chacun obéira à la voix de la Nature qui parle dans
fa confcience; il faura diftinguer le foible du cou-
pable, l'homme égaré, du fcélérat qui médite de fang
froid la perte de fa Patrie; il réchauffera par le baifer
de paix le cœur engourdi, & il rendra à la liberté des
bras qu'il fuffit de délier; fa juftice s'appefantira fur
les têtes criminelles, & il ne ceffera de frapper les
traîtres. C'eft ainfi que nous approcherons du regne heureux de la Liberté & de l'Egalité, & que nous pourrons nous écrier avec un faint enthoufiafme, *vive la
République, une & véritablement indivifible !*

C L O S Q U I N E T.

EXTRAIT du Procès-verbal de l'Assemblée générale de la Section régénérée de Beaurepaire, du 25. Nivôse, l'an deuxieme de la République Française, une & indivisible.

LE Citoyen Closquinet a prononcé un discours en l'honneur des Martyrs de la Liberté, *Marat & Le Pelletier*, qui respiroit le plus grand patriotisme ; il a rappelé les vertus républicaines dont étoient animés ces dignes héros de la Montagne ; il a ajouté qu'il ne suffisoit pas de se dire Républicain, qu'il falloit le prouver, & que le vrai Patriote étoit celui qui, quand il le pouvoit, cherchoit à soulager ses freres, & n'étoit satisfait que quand il ne connoissoit personne dans le besoin.

Ce Discours & celui prononcé le 10 Nivôse, dans le Temple de la Raison, par le Citoyen CALVET, ont été entendus avec la plus vive satisfaction, & ont reçu les plus grands applaudissemens.

L'Assemblée en a arrêté l'impression & l'envoi aux quarante-sept autres Sections, aux Autorités constituées, aux Comités révolutionnaires, & aux Sociétés populaires.

Délivré par extrait, cejourd'hui 2 Pluviôs, l'an deuxieme de la République Française, une & indivisible.

BACH, *Président.*

J. M. CALONNE, *Secrétaire par intérim.*

Les Repréſentans du Peuple, Députés par la Convention Nationale pour aſſiſter à la cérémonie de l'Inauguration des Buſles de PELLETIER & MARAT, dans la Section régénérée de Beaurepaire, au Préſident de la Section.

La Convention Nationale, après avoir entendu le récit de la cérémonie touchante dont nous avons été les témoins, en a décrété la mention honorable & l'inſertion au Bulletin; nous t'envoyons un Extrait du Procès-verbal, & nous profitons avec empreſſement de cette occaſion, pour t'aſſurer & les Sans-Culottes de ta Section, que nous nous rappellerons toujours avec une vive ſatisfaction les ſentimens de patriotiſme dont vous êtes tous animés, & les témoignages de fraternité que nous avons reçus de vous.

Salut & vive la République !

TREILHARD.

P. A. LALOY.

S. L. MONNEL.

De la Convention Nationale, le vingt-deuxieme Nivôſe, l'an deuxieme de la République Françaiſe, une & indiviſible.

EXTRAIT

DU PROCÈS-VERBAL

DE LA CONVENTION NATIONALE,

Du vingt-unieme jour de Nivôse, quatrieme mois de l'an deuxieme de la République Française, une & indivisible.

UN Membre de la Députation envoyée hier à la cérémonie de l'Inauguration des Bustes de Marat, Pelletier & Beaurepaire, & à la célébration de la Fête de la Raison dans la ci-devant Sorbonne, Section régénérée de Beaurepaire, a rendu compte de cette mission. Jamais Fête, dit-il, n'a été célébrée par un plus beau jour & avec plus d'ordre, d'ensemble & gaieté : on a chanté dans la marche & dans les différentes stations, des hymnes à la Liberté, à l'Egalité, aux Héros que le vœu national a placés au Panthéon, & sur le point le plus élevé de la place, jadis dite Saint-Michel, en l'honneur de la Montagne.

L'Inauguration des Bustes a été faite ensuite dans la ci-devant Sorbonne; des Discours pleins d'énergie & de patriotisme ont été prononcés : des couplets qui respiroient le Républicanisme le plus pur & le plus ardent, ont été chantés, & les cris de *vive la République ! vive la Montagne !* ne furent jamais plus unanimes, plus fréquens & plus foutenus : enfin la Sorbonne, jadis l'afile de la démence, eft véritablement aujourd'hui, de droit & de fait, le Temple de la Raifon.

L'intelligence & l'économie qui ont préfidé à cette Fête, doivent fur-tout être remarquées; elle étoit magnifique, & cependant elle n'a pas coûté le tiers de la fomme à laquelle s'élevoit la collecte faite dans la Section ; le refte va être diftribué aux Pauvres.

La Convention Nationale décrete la mention honorable de ces détails, & l'infertion au Procès-verbal & au Bulletin.

Vifé par l'Infpecteur.

S. L. MONNEL.

Collationné à l'original par nous Secrétaires de la Convention Nationale. A Paris, le vingt-deuxieme Nivôfe, l'an deuxieme de la République Françaife, une & indivifible.

J. B. L. BOUQUIER, Secrétaire.

JAY, Secrétaire.

EXTRAIT du Procès-verbal de l'Assemblée Générale de la Section régénérée de Beaurepaire, du 25 Nivôse, l'an deuxieme de la République Française, une & indivisible.

APPERT, avoir été arrêté à l'unanimité, que le Décret de la Convention Nationale, du 21 dudit mois de Nivôse, relativement à la Fête des Martyrs de la Liberté, célébrée par ladite Section, le 20 du même mois, feroit imprimé au nombre de fix cents exemplaires, afin que les Citoyens de ladite Section puffent aifément s'en procurer.

BACH, Préfident.

LARCHER, Vice-Préfident.

J. M. CALONNE, Secrétaire par interim.